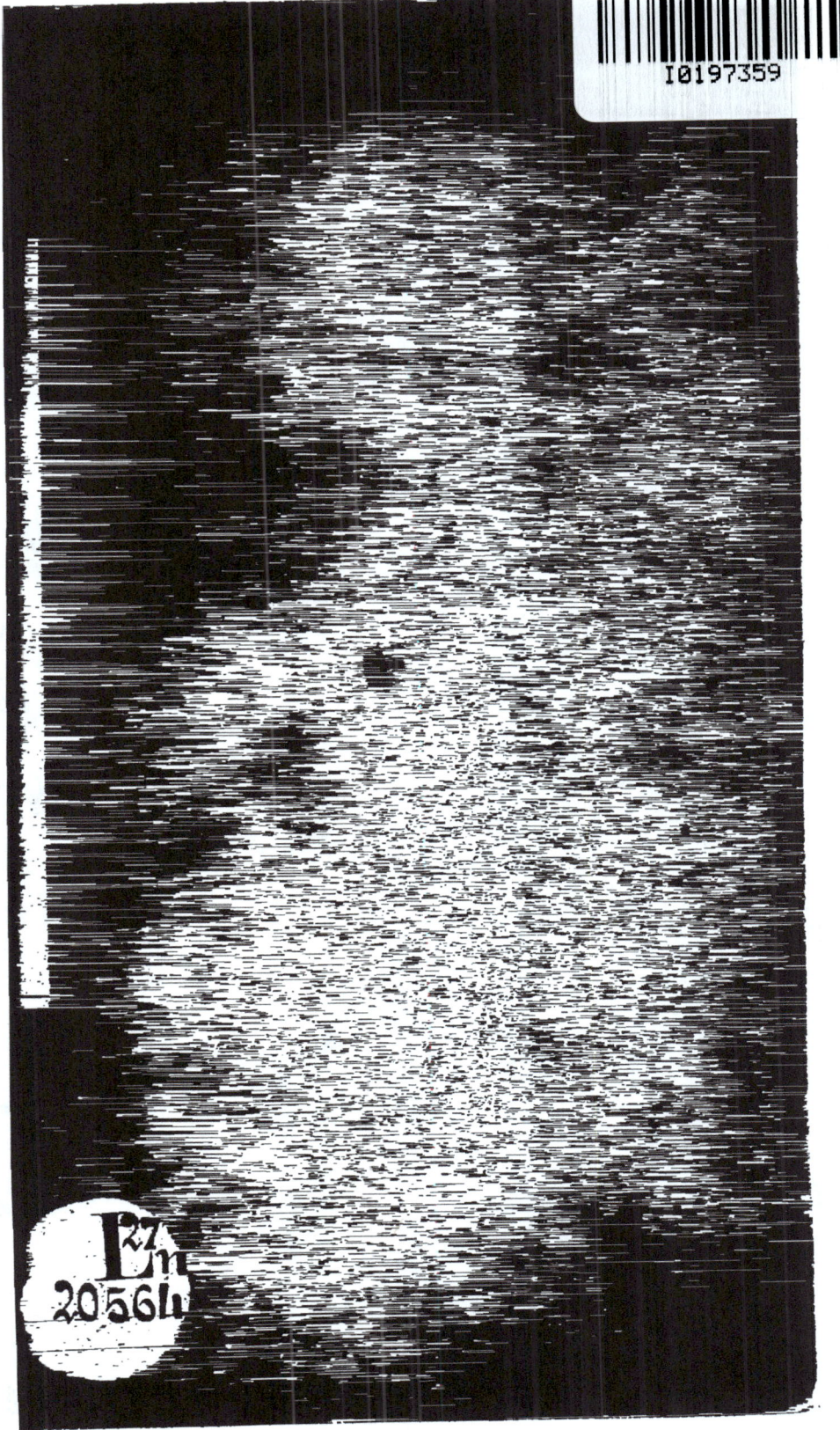

27
Ln 20,64.

MARTYRE
DE
SAINT VINCENT,
DE COLLIOURE.

PERPIGNAN.
Imprimerie de J.-B. ALZINE, rue dez Trois-Journées, 1,
1847.

MARTYRE

DE

SAINT VINCENT.

DE COLLIOURE.

C'est ainsi que parle Tomaje de Salazar, d'après un manuscrit trouvé à Ségovie, que citent aussi, dans la vie des Saints du mois d'avril, Godefroy, Enschenius et Daniel Papebroch, de la Compagnie de Jésus, tome 2, page 621.

Ces actes, que tout le monde croyait entièrement perdus, nous les reproduirons au long d'après ledit manuscrit de Ségovie, afin que ce qui a été caché aux savants soit mis au jour par les soins d'un de ses humbles serviteurs, ou plutôt par la Divine Providence, qui, le plus souvent, se plaît à cacher ces choses aux grands et les révèle aux petits.

C'est donc dans un vieux manuscrit de légendes, comme il le dit lui-même, qu'il nous assure en avoir trouvé une intitulée comme il suit:

COMMENCEMENT DE LA LÉGENDE

DE SAINT VINCENT, MARTYR,

Qui remporta la palme du martyre dans une ville d'Espagne nommée Collioure, aux pieds des Pyrénées, province de Tarragone, le 19 avril de l'année 303.

Dans le temps que les infâmes défenseurs de la superstition du culte des Idoles exerçaient leur haine contre ceux qui pratiquaient la piété et la vraie religion, ils firent publier, et dans les provinces et dans chaque ville, des décrets impies, en vertu desquels tous les chrétiens dont on pourrait se saisir fussent obligés de sacrifier aux Idoles.

Aux premiers auteurs de ces sanglants décrets et aux chefs de l'impiété romaine, succédèrent les tyrans Dioclétien et Maximien, qui s'efforcèrent d'anéantir le nom chrétien, l'un dans l'Orient, l'autre dans l'Occident. Pour venir plus facilement à bout de leur entreprise, ils envoyèrent, dans toutes les provinces soumises à l'Empire Romain, des préfets et des juges chargés d'exécuter rigoureusement leurs ordres.

Dacien fut un des préfets choisis pour mettre en exécution ces horribles décrets dans l'Espagne et dans la Gaule. Après avoir exercé ses cruautés dans toutes les parties de la Gaule, et après avoir arrosé cette terre du sang d'un grand nombre de martyrs, ce tyran résolut de porter ses fureurs en Espagne, et de pénétrer dans cette province par les monts Pyrénées. Étant parvenu à une ville maritime nommée Collioure, il fit publier les cruels édits des Empereurs. Vincent habitant de cette ville, et homme d'une foi et d'une constance à l'épreuve, fut aussitôt arrêté et conduit devant Dacien.

Présenté au tribunal, le Préfet lui dit : obéissez à nos Dieux et aux décrets des Empereurs. Mais Vincent lui répondit : quiconque obéira aux préceptes de Jésus-Christ, notre Sauveur, ne pourra être blâmé ni condamné. Je vous conseille, lui dit alors Dacien, de choisir ce qui vous est le plus utile ; donnez-vous à nos Dieux et offrez-leur des sacrifices avec nous, vous obtiendrez ainsi tout ce que vous demanderez. Considérez donc bien en vous-même quel est le parti qui convient le mieux et à votre noblesse et à votre discrétion. N'attirez pas sur vous tout le poids de notre colère et n'apprenez pas à vos dépens combien l'impiété est un grand mal. Si vous n'obéissez pas et que vous ne vous rendiez pas à mes persuasions, il sera nécessaire que je vous fasse éprouver une rigueur si grande que l'a été ma bonté et ma douceur ; et peut-être alors le repentir que vous manifesterez ne vous servira-t-il de rien. Le Saint Martyr répondit à ce discours : Jésus-Christ est mon trésor et ma vie ; la mort que je dois souffrir pour lui m'est beaucoup plus précieuse que la vie, puisque rien de tout ce qu'il y a d'agréable sur la terre n'a pu captiver mon cœur. Les tourments dont vous me menacez sont plutôt pour moi des plaisirs que des peines. En fixant mes regards sur Jésus-Christ, je désire non-seulement mourir pour lui, mais puissé-je donner, s'il était possible, mille vies pour la gloire de son saint nom ! Faites donc plutôt ce qui est en votre pouvoir ou ce qui tient à la férocité de vos mœurs, car je n'adorerai jamais des dieux de bois ou de pierre.

Dacien commença alors de lui donner des soufflets ; et, après lui avoir fait arracher ses habits, il le fit présenter nu au peuple. Dans cet état un cruel bourreau perça ses côtés de coups et tirailla sa chair avec des instruments de fer. Le corps de Saint Vincent fut jeté par terre, et le sang coulait abondamment de ses nombreuses blessures. Qui pourra, lui dit alors le tyran, qui pourra vous soustraire à mes mains, si vous n'obéissez pas? Je ferai couper votre corps en petits morceaux, et vous servirez de pâture aux animaux sauvages. Quel plus grand déshonneur pour vous que d'être exposé tout nu aux regards des hommes? Si vous revenez de votre démence et que vous vous laissiez gagner par la bonté de nos Dieux, libre alors et comblé d'honneurs, vous recevrez une plus grande récompense.

L'inébranlable Saint Martyr lui répondit : ma nudité, loin d'être pour moi une honte, est au contraire un bien bel ornement, car dépouillé du vieil homme, je serai revêtu du nouveau, dans la justice et la vérité. Je suis prêt à souffrir la mort dont vous me menacez ; je ne désire plus rien. Si vous dépécez mon corps, vous ajouterez à ma gloire, car je me dois tout entier à mon divin Créateur, et mon vœu le plus ardent a toujours été de le glorifier dans tous mes membres, afin de pouvoir paraître devant son tribunal revêtu des ornements brillants de la confession.

Le Président cessa alors de lui adresser de nouvelles exhortations, et, animé d'une fureur tyrannique, il se prépara à lui faire souffrir les plus cruels supplices. Après avoir fait mettre le Saint Martyr à la torture, il ordonna qu'on le livrât à toutes sortes de tourments, jusqu'à ce qu'enfin ses membres se détachassent des jointures. Après cela, au moyen d'une poulie, il fit élever son corps à plusieurs reprises, et le fit retomber de tout son poids sur des cailloux pointus qui meurtrissaient sa chair. Ce fut ainsi qu'il termina la première torture.

Cependant Dacien, qui connaissait déjà la fermeté des Espagnols, dont le courage n'avait pu être ébranlé, ni par la rigueur des supplices, ni par la terreur des disgrâces, fit jeter Saint Vincent dans les fers, jusqu'à ce qu'il eût délibéré sur son sort. Enfermé dans la prison, le Saint Martyr tressaillait de joie et rendait des actions de grâces à Dieu, en disant : gloire à vous, Seigneur, qui ne confondez jamais ceux qui espèrent en vous. Il se mit ensuite dans le coin le plus retiré de la prison, et là, continuant d'adresser à Dieu ses ardentes prières, il lui demanda avec ferveur la constance nécessaire pour supporter courageusement les nouvelles tortures qu'on allait lui faire souffrir. Tout à coup une lumière surnaturelle éclaira les lieux les plus cachés de la prison, de telle manière que le Martyr, qui était étendu tout nu sur la terre, rassuré par cette lumière divine, se releva sur ses membres froissés. Continuant alors d'adresser au Seigneur ses humbles actions de grâces, il se trouva guéri à l'instant ; il sentit revenir ses premières forces et se trouva même sans blessures et sans cicatrices.

Le lendemain, comme Dacien avait résolu de partir pour Barcelone, il vint de grand matin à la place où était dressé le tribunal ; et là, d'une voix menaçante, il ordonna à ses satellites de retirer Vincent de la prison et de le faire paraître en sa présence, s'il était encore en vie. Lorsque les bourreaux l'eurent amené, Dacien fut étrangement surpris de le voir parfaitement guéri de ses blessures. Alors, le cœur plein d'indignation et les yeux enflammés de colère, il lui dit : osez-vous bien vous présenter devant moi couvert des marques d'un art magique ? Croiriez-vous peut-être me persuader vos fausses idées ? Malheureux ! renoncez à vos extravagances, car si vous vous voyez maintenant libre, après avoir abandonné vos artifices, vous devez reconnaître que c'est par la pure bonté de nos Dieux que cela vous arrive, afin qu'en les adorant vous abandonniez vos erreurs.

Je ne connais pas, lui répondit Vincent, les artifices de la magie et je n'adore pas vos Dieux comme les auteurs de ma guérison. Jésus-Christ est mon Seigneur, vrai Dieu et vrai homme, qui est descendu des cieux pour nous sauver, qui s'est incarné dans le sein de la Vierge Marie, par l'opération du Saint-Esprit, pour dissiper les ténèbres dans lesquelles le monde était enseveli, et pour répandre dans tout l'univers la clarté de sa lumière divine; et c'est de lui qu'il est dit : La vie était en lui et la vie était la lumière des hommes; la lumière luit dans les ténèbres et les ténèbres ne l'ont pas comprise; et ensuite : Il était la vraie lumière qui éclaire tout homme venant au monde. C'est celui-là, ô Président, c'est celui-là qui, pour dissiper les ténèbres de mon esprit, a daigné m'envoyer un rayon de sa bienfaisante lumière dans le triste réduit où vous m'aviez jeté; c'est à cette lumière céleste que je dois la guérison de mes blessures ; et depuis ce moment je me sens plus disposé à en supporter de plus grandes. Ce n'est donc pas de vos Dieux, que j'estime comme du fumier, que j'ai reçu le bienfait de ma guérison, mais bien de mon aimable Créateur, qui est venu dans ce monde, qui s'est fait chair et qui a habité parmi nous.

Dacien, tourmenté par un excès de rage en entendant ces paroles, fit allumer un grand bûcher au milieu de la ville ; et, après avoir fait lier Vincent des mains et des pieds, il ordonna qu'on le jetât au milieu de ce brasier ardent, pour qu'il devînt la proie des flammes. Ses satellites obéirent à ses ordres cruels, et le bienheureux Vincent, au milieu des tourments, ne cessa de confesser le Seigneur que lorsqu'il fût glorieusement couronné du martyre, le treizième jour des Calendes de mars, l'an de Notre-Seigneur 303. Ce même jour un grand miracle s'opéra. Les liens que Saint Vincent portait aux pieds et aux mains furent respectés par le feu ; ses cheveux restèrent aussi intacts, et son visage, loin d'être flétri par les flammes, avait tout l'éclat d'une rose ; de telle sorte qu'on l'aurait cru plutôt enseveli dans un doux sommeil que privé de la vie. Cela fut cause que plusieurs personnes crurent en Dieu et se convertirent.

Les chrétiens enlevèrent son corps pendant la nuit et lui donnèrent les honneurs de la sépulture. Peu de temps après on en fit la translation d'une manière honorable, avec l'aide de Notre-Seigneur, Jésus-Christ, qui vit et règne avec le Père et le Saint-Esprit, dans tous les siècles des siècles. Ainsi soit-il.

GOIGS Y ALABANÇAS

DEL GLORIÓS MÁRTYR

SANT VICENT.

Coronat de resplendor,
En lo Cel gozau la gloria,
Teniunos en la memoria,
Vicent, mártyr del Senyor.

Vostra patria venturosa
Fonch la vila de Coplliure,
En ella volguéreu viurer,
Perqué restas mes dixosa,
De molts mals Deu nos deslliurá,
Essent vos lo protector, etc.

Vos nomenáren Vicent,
Ab auspici singular,
Volentnos Deu declarar
Que vindríeu en lo temps,
Sobrepujar los torments,
Restant en ells vencedor, etc.

Segons refereix l'historia,
Fóreu casat ab Eladia,
Muller virtuosa y sabia,
Que ab vos goza de gloria,
Per celebrar sa memoria,
Cantem també sas llaors, etc.

Vostre empleo y exercici,
Fonch sempre assistir als pobres,

Corregin de tots los vicis,
Ab effectes amorosos;
Lo premi de tantas obras
Vos guarda lo Redemptor, etc.

De vostres virtuts la fama
Prestament se divulgá,
Y en odi la gent Pagana
Vos accusá á Deciá,
Y, essent Pretor, ordená
Que fósseu pres ab rigor, etc.

Posat en son tribunal,
Fortament vos accusáren,
Que los Idols menyspreant,
A Jesu-Christ adorabeu,
Molt constanment confessáreu,
Qu'era nostre Redemptor, etc.

Molt irritat lo Pretor,
Sentencia ha pronunciada;
Qu'en la Isla fósseu mort
De una cruel punyalada;
Al costat vos l'ha fixada
Lo botxí ab gran furor, etc.

No pará la crueldat
En assó, pus va manar
Que no fósseu enterrat,
Sinó llençat en lo Mar;
Mes fouch vostre cos guardat,
Per voluntat del Senyor, etc.

Vostre gloriós Martyri,
Fonch als desanou de Abril;
Deu vos coroná de rosas
Y de las flors mes gentils;
En lo jardí dels húmils
Collocantvos ab honor, etc.

Lo malalt qu'en vos espera,
Prest alcança la salut;
Los navegants en tormenta,
Troban ab vos port segur;
En lo mar y en la terra,
Als devots donau favor, etc.

TORNADA.

Tot Coplliure humilment
Vos suplica, ab gran fervor,
Qu'ens tingau en la mémoria,
Vicent, mártyr del Senyor.

Au temps Pascal. ℣. *Pretiosa in conspectu Domini, Alleluia.*

℟. *Mors sanctorum ejus, Alleluia.*

Hors du temps Pascal. ℣. *Gloriâ et honore coronasti eum, Domine.*

℟. *Et constituisti eum super opera manuum tuarum.*

OREMUS.

Da nobis, quæsumus, omnipotens Deus, adversa mundi, invictâ mentis constantiâ tolerare, qui beatum Vincentium nec minis terreri, nec pœnis passus es superari. Per Christum dominum nostrum.

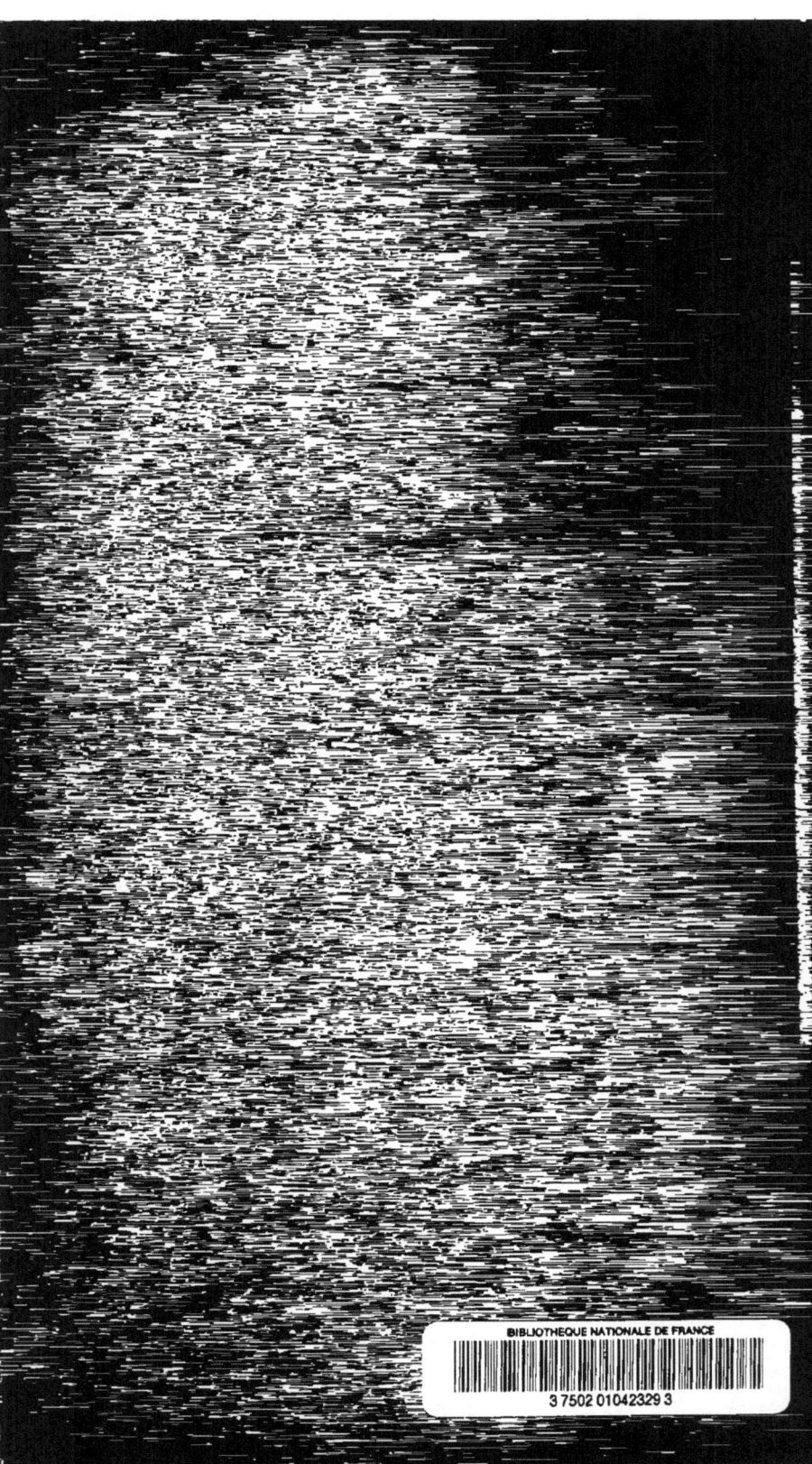

www.ingramcontent.com/pod-product-compliance
Lightning Source LLC
Chambersburg PA
CBHW061959070426
42450CB00009BB/2123

100,000
Exemplaires en plusieurs langues.

APPEL

la Chrétienté tout entière,

ainsi qu'aux Israélites,

pour

la délivrance de *1466*

Jérusalem,

par

Ch^s. F. Zimpel,

Docteur en médecine et en philosophie
Ingénieur en chef des chemins de fer

Francfort sur-le-Main
Chez H. L. Brönner, Libraire.
1865.

„Je m'égaierai donc sur Jérusalem, et je me réjouirai sur mon peuple; et on n'y entendra plus de voix de pleurs, ni de voix de clameur."

Esaïe LXV. 19.

La nature de mon appel m'engage avant tout à protester le plus hautement possible contre tout intérêt, tant matériel que personnel, qu'on pourrait me supposer. Je suis un vieillard, et quoique je ne sois rien moins que riche, ma seule vocation de médecin me met à même de pourvoir à des besoins d'ailleurs fort modestes. Je considère l'ambition comme indigne d'un vrai Chrétien, tel que je m'efforce d'être par le fait, et c'est dans cette dernière qualité que je prends la liberté d'adresser ces lignes au public.

Les grandes révolutions — et quel est l'homme bien élevé qui ne le sache par l'histoire? — ont été pour la plupart du temps amenées par les personnes ou les circonstances les plus insignifiantes. J'espère que, dans le cas présent, une destinée analogue sera réservée à mon insignifiante personne. Je me propose, comme l'indique le titre ci-dessus, de parler de la Palestine, et par conséquent du gouvernement turc. Il y a un livre (en exceptant toutes les fables chinoises, égyptiennes, et surtout celles de Manétho,) il y a un livre, dis-je, regardé par la plupart des hommes non seulement comme le plus ancien du monde, mais qui plus est, comme étant émané de Dieu même, et par là divin et sacré. Dans la première partie de ce saint livre, la Bible, dans l'Ancien Testament, Dieu se dit lui-même le seul maître de cette langue étroite de terre désignée sous le nom de Canaan, ou de la Terre promise, dont plus tard Jérusalem devint la capitale, et que Dieu avait choisie pour y manifester la grande oeuvre de son amour. Il commença par donner cette terre en héritage au peuple d'Israël qu'il s'était choisi entre toutes les nations pour l'accomplissement de ses desseins. Lui-même en fut le roi (Sam. I Chap. VIII, vers 7.). Cependant la désobéissance des Israélites l'ayant engagé à se retirer d'eux, il leur abandonna néanmoins le pays. Ce fut seulement quand la mesure de leurs crimes vint à déborder, qu'il les déposséda du pays même, et les en éloigna pour un temps limité. A qui ce territoire échut-il alors? La réponse se trouve au Nouveau Testament, Chapitre IV. vers 5 & 6, de l'Evangile selon St. Luc: „Ensuite le diable le mena sur une haute montagne, et lui fit voir en un moment tous les royaumes du monde. Et le

1*

diable lui dit: Je te donnerai toute la puissance de ces royaumes et leur gloire, car elle m'a été donnée, et je la donnerai à qui je veux". Ce changement de souverains s'accomplit bientôt après par la cession de la Palestine à ses ci-devant tributaires, les païens. C'est ainsi que les quatre royaumes prédits par Daniel (Dan. II.) se succédèrent dans l'ordre indiqué, savoir depuis Nébucadnezar, la tête d'or, jusqu'au quatrième et dernier, l'Empire des Romains. Une des conséquences de tout ceci qui nous intéresse le plus, c'est la conquête de la Terre promise par les Turcs. Cette terre, formant une partie intégrante de l'Empire Romain, quoique sainte dans les temps primitifs d'Israël, continua à être impie sous le gouvernement des païens, et ce caractère marquant, elle l'a conservé jusqu'à nos jours. Cependant il y a maintenant 1838[1]) années que cette impiété fut portée à son comble, les Juifs, de concert avec les païens, ayant condamné au supplice de la croix le plus innocent et plus charitable des hommes qui ait jamais existé. Or, il s'agit maintenant de savoir quelle est la différence entre le gouvernement turc actuel en Palestine et celui des temps passés. De gros livres ne suffiraient pas pour épuiser ce sujet, et tel n'est point le but de cette brochure. Ce serait du reste superflu, en tant qu'aucun homme instruit, au courant des événements de nos jours, et surtout renseigné sur l'état intérieur de la Turquie, ne saurait défendre „l'homme malade", cet empire turc miné de tous côtés, particulièrement en ce qui concerne la Palestine — sans s'attirer le reproche d'ignorer entièrement l'état des choses, de manquer de bon sens, ou d'avoir été entraîné, par des intérêts matériels et personnels, — le culte de Mamon — tellement loin de la voie de l'honneur et de la vertu, qu'il n'a pas craint de vendre au diable son patrimoine céleste. Nous l'affirmons sans réserve, un tel homme foule aux pieds la croix, pour arborer la lune ou le croissant du faux prophète. Citons à l'appui de ce que nous venons d'avancer quelques faits par rapport à la Palestine, considérée comme province turque.

Le Hatti-humayoum du 18. Février 1856 concède aux Chrétiens, sujets de l'empire turc, et cela sous tous les rapports, les mêmes droits et libertés qu'aux Mahométans. Mais de quelle manière a-t-on accompli jusqu'à présent cette loi, non seulement en Palestine, mais dans tout l'Empire turc, loi qui n'a été obtenue

---

[1]) Le Seigneur Jésus-Christ est né sept ans avant notre ère chrétienne, ainsi que je l'ai prouvé dans mon ouvrage: La fête de Pâque des 144,000. (Chez H. L. Brönner, libraire à Francfort s. M. 1861).

qu'au prix de torrents de sang chrétien, et qui, par là-même, devrait être regardée comme inviolable et sacrée?

Ont-elles été réalisées les promesses réitérées de la Sublime-Porte et surtout celles du grand-visir actuel, Fuad-Pacha, qui est le véritable souverain, car le Sultan, qui ne l'est que de nom, ne se soucie guère que de son militaire et de son harem, en abandonnant à d'autres le soin des affaires de l'état, ce que prouve déjà la circonstance que personne n'ose proférer un mot en sa présence, à moins d'y avoir été invité par lui. De tous les sujets chrétiens ou Rajahs, qui sont au nombre de plusieurs millions, il y en a à peine un sur cent qui soit fonctionnaire; et même ceux-là, à peu d'exceptions près, comme Monsieur Moussuros, envoyé de Turquie à Londres (qui est soutenu par le gouvernement d'Angleterre), ne sont que des espèces de marionnettes, qu'on renverrait du moment qu'ils se hasarderaient à répondre à n'importe quelle proposition ou résolution des Turcs autre chose que ces mots: „Oui, Effendi". —

Ce fait, ainsi que mille autres circonstances, prouve suffisamment que le grand-visir Fuad-Pacha, sans pareil pour la duplicité et l'astuce, considère tout le Hatti-humayoum comme une espèce de comédie, et qu'il mène ainsi par le nez toutes les puissances chrétiennes européennes; car c'est un fait incontestable que la position des Chrétiens dans les provinces turques et vis-à-vis des autorités turques, bien loin de s'améliorer depuis la publication du Hatti-humayoum, est, au contraire, devenue pire. Le vrai caractère de ce soi-disant grand-visir „éclairé" est celui d'un Musulman fanatique, par conséquent d'un ennemi on ne peut plus acharné des Chrétiens. Il suffit, pour en avoir la preuve, de s'enquérir scrupuleusement à Constantinople même de sa manière d'agir dans toute l'affaire du Liban, examen qui ne peut que remplir de surprise et d'indignation.

J'en arrive enfin à la chose principale, le véritable état de la Palestine. Il n'est pas de mon ressort d'examiner jusqu'à quel point le gouvernement turc prend à cœur le bien-être des indigènes ou Arabes. Leur misère, leur état à demi-sauvage, enfin leur caractère en général suffisent pour témoigner contre l'administration turque, et pour démentir toutes ses fanfaronnades par rapport à une civilisation qu'elle prétend favoriser avec zèle d'après les exigences du temps. Cet état de choses prouve combien Fuad-Pacha est habile à recouvrir d'une apparence brillante, aux yeux des gens bornés ou sans jugement, les faits même les plus déplorables.

Mais voici quelques détails sur le sort des Chrétiens en Palestine.

1. Tandis que les Mahométans entourent la tombe de leur prétendu prophète d'une vénération qui enjoint à tout individu d'un autre rite de se tenir fort à l'écart du territoire sacré, ils

exercent à Jérusalem et vis-à-vis des Chrétiens un pouvoir tyrannique incroyable.

Les Mahométans, c'est-à-dire les sujets de la Sublime-Porte, tenant la clef de l'église du St. Sépulcre, n'en permettent l'entrée aux fidèles que contre une rétribution, exigée avec une arrogance inouïe. Toutes les sectes chrétiennes sont tenues de leur payer un tribut pour pouvoir accomplir leurs dévotions dans un lieu où, suivant la tradition, leur rédempteur et maître a versé son sang sur la croix et fut inhumé.

En outre, les Mahométans, mollement étendus sur leurs divans dans l'enceinte même du temple, ne manquent jamais, pendant les pieux exercices des Chrétiens, de fumer leurs pipes et de savourer leur café. Quand bon leur semble de lever la séance, ils frappent des mains pour chasser les Chrétiens, puis referment l'église à tour de clef.

Je ne parlerai pas ici de l'identité de ce lieu, si souvent révoquée en doute, cette localité étant au moins et sans contredit la même pour laquelle les croisés, pendant des centaines d'années, ont répandu leur sang, dans le seul but d'arracher aux mains des infidèles la place qui leur était si sacrée, et où, depuis des siècles, des milliers de pieux Chrétiens, du plus superbe jusqu'au plus petit, ont fait monter vers le ciel leurs soupirs et leurs prières.

En présence de ces faits, quel homme sensible pourrait regarder avec indifférence ces lieux, en approuvant ou excusant une telle profanation? A quel point toute la Chrétienté doit-elle être déchue pour qu'aucune des puissances européennes, dont tous les chefs s'honorent cependant des titres de: „Nous, par la grâce de Dieu", — bien entendu par la grâce de ce même Dieu dont le souvenir se trouve profané ici d'une manière si révoltante, — n'ait fait encore la moindre tentative pour mettre fin à un pareil scandale! Le tout est d'autant plus étrange qu'il est reconnu que l'Empire turc ne subsiste que par le bon vouloir des grandes puissances européennes, et qu'il suffirait d'une résolution ou plutôt d'un ordre de leur part pour arracher aux infidèles ce territoire sacré.

Bien loin de là, quelques ambassadeurs sont devenus les jouets de l'astucieux grand-visir Fuad-Pacha au point de lui permettre de se charger d'une partie des frais occasionnés par la restauration de la coupole de l'église du St.-Sépulcre, cette église se trouvant tellement délabrée qu'à la célébration des saintes cérémonies par un temps de pluie, il est indispensable de se munir d'un parapluie, et que l'eau ruisselle sur les dalles.

Comme conséquence naturelle, des années se sont écoulées depuis cette regrettable résolution sans que les réparations aient été exécutées. Je ne puis à cette occasion assez supplier maints

Protestants de modérer leur jugement, parfois peu charitable, sur les cérémonies religieuses des Catholiques, des Grecs etc. etc. et de se conformer ainsi davantage à l'Evangile, car le Seigneur seul sonde les cœurs et les reins [1]). Comme ce reproche d'indifférence pour les lieux Saints est une tache pour chaque chrétien, nous pouvons espérer et désirer qu'un esprit, pareil à celui qui inspira le plus souvent les croisés, anime aujourd'hui de nouveau la chrétienté pour atteindre enfin le but poursuivi alors déjà, c'est-à-dire affranchir Jérusalem de la suprématie turque avec les armes de notre siècle, ainsi donc sans effusion de sang. Le maître du ciel et de la terre, notre Seigneur Jésus-Christ, donnera certainement sa bénédiction à cette entreprise si elle est faite dans un véritable esprit de charité!

Les Juifs sont traités d'une manière tout aussi révoltante que les Chrétiens, et, pas plus que ces derniers, ils n'osent, sous peine de mort, mettre le pied sur le terrain qui entoure l'emplacement primitif du temple, sur lequel s'élève maintenant la mosquée Omar où se trouve „l'ancien Sanctuaire de Sainteté" [2]).

Les Juifs sont même obligés de payer aux Mahométans un tribut annuel considérable pour avoir la permission, le vendredi après midi, de faire retentir pendant quelques heures leurs lamentations sur leur état pitoyable et l'anéantissement de leur nationalité avec la ruine de leur temple, et cela seulement à l'extérieur du mur qui entoure la place du temple.

Il est universellement connu que les chrétiens, en leur qualité de „giaours", sont souvent exposés, même dans les rues de Jérusalem, à des insultes de la part de la population mahométane.

2. Il y a quelques années qu'une dame anglaise, appartenant à la famille du consul anglais Finn, fut assassinée en plein jour à peu de distance du mur de la ville; son corps ne fut trouvé que plus tard et déjà en partie dévoré par les chiens. Toutes les réclamations faites par le consul Finn auprès du gouverneur turc et énergiquement secondées par presque toute la population européenne et par mainte démonstration, pour engager le Pacha à rechercher et punir les meurtriers, furent complétement inutiles. Ceci est d'autant plus surprenant que le chef de chaque village

---

[1]) Je ne suis moi-même ni catholique ni protestant, mais le disciple de mon maître Jésus-Christ que je m'efforce d'imiter dans mes actions, car je ne crois pas qu'au grand jour du jugement le Seigneur nous demande: „A quelle secte religieuse appartenais-tu?" mais bien plutôt: „As-tu gardé mes commandements?"

[2]) Depuis quelques années les Mahométans, guidés par leur avidité, permettent aux Chrétiens de visiter tous ces lieux de grand matin avant l'heure de leurs prières, en compagnie d'un agent de police. Le prix, qui était précédemment de 26 frcs, est maintenant réduit à la moitié pour chaque personne.

connaît tout ce qui se passe dans sa commune, parcequ'il a toujours sa part du butin. Rien n'aurait donc été plus facile que de rendre justice aux Chrétiens dans un cas si extraordinaire. Mais comme Sureijah-Pacha, parent et, quant à l'astuce, au fanatisme et à la haine contre les Chrétiens, le vrai pendant de son protecteur, Fuad-Pacha, s'il avait découvert les meurtriers, aurait été forcé par l'influence européenne à Constantinople de pendre un Mahométan pour un giaour assassiné, il ne fit absolument rien. Un consul des plus honorables m'a dit à Jérusalem que le dit pacha avait fait tout au monde pour qu'on ne découvrît pas les coupables.

Les brigandages commis près de Jérusalem dans la maison syriaque d'orphelins de M. Schneller et sur la famille du missionnaire allemand Müller à Bethléhem, eurent à peu près le même succès, car les auteurs en furent tout aussi peu découverts et punis. Le massacre atroce de la famille américaine Dixon, commis dans un jardin près de Jaffa, et où le père et le beaufils furent tués et les femmes violées, fut, il est vrai suivi de la découverte de quelques-uns des auteurs et de leur condamnation aux galères à vie, grâce à l'énergique intervention de l'ambassade américaine à Constantinople; mais on croit que ces hommes ont depuis longtemps été remis en liberté, tandis que le coupable principal n'a jamais été découvert ni puni. On sait enfin qu'il y a peu de temps, à quelques pas de Jérusalem et en plein jour également, une personne fut pillée, et que quelques voyageurs qui se rendaient au Jourdain et qui s'étaient confiés à un chef de Bédouins en lui payant cent piastres par personne, furent aussi pillés, dépouillés de tous leurs vêtements et durent, dans ce terrible état et par une nuit très froide, faire plusieurs lieues à pied sur un sol rocailleux[1]).

J'arrive maintenant au dernier point que je voulais toucher.

3. Je veux parler du lieu de débarquement à Jaffa et du trajet de là à Jérusalem. Dans une brochure particulière, traitant de l'établissement d'un port et d'un chemin de fer, j'ai exposé en détail l'état actuel des plus misérables de ces lieux, de sorte que je ne parlerai ici que de quelques circonstances spéciales. On ne trouve sur toute la côte de la Syrie et de la Palestine aucun ancrage sûr et encore moins un port. L'ancrage de Jaffa est le plus mauvais de tous, et, par le mauvais temps, souvent des plus dangereux, ce que nombre d'accidents prouvent. Le chemin d'environ 70 Kilom. qui unit ces deux villes est souvent à peine tracé et, dans les montagnes de la Judée, si dangereux en divers endroits pour le cavalier, que le guide l'engage ordinai-

---

[1]) Le fait que le Pacha actuel de Jérusalem déploie une plus grande énergie est tout-à-fait personnel et ne change rien au principe.

rement à mettre pied à terre et à laisser sa bête chercher elle-même le meilleur chemin. Le gouvernement turc ne fait absolument rien pour améliorer ce chemin, fréquenté annuellement par plus de soixante mille personnes. Il y a quelques années encore, les pèlerins étaient presque chaque jour volés ou pillés par les indigènes, surtout par le sheik d'Abu-Gosch.

C'est à la Russie, la seule puissance chrétienne qui ait fait quelque chose pour Jérusalem, que nous devons la cessation de ce scandale, vu que, par son ascendant moral, elle a forcé la Turquie à ériger des tours avec un poste militaire tout le long de la route.

Conduit par tous ces motifs, j'élaborai un projet (les plans respectifs ont une longueur de près de quatre cents pieds) pour la construction d'un port à Jaffa et d'un chemin de fer de là à Jérusalem, avec un embranchement sur Bethléhem, projet que je soumis personnellement au ministère turc à Constantinople, en lui demandant une concession. Quoique pendant toute une année j'offris des conditions de plus en plus modérées et me déclarai prêt enfin à accepter toutes celles de la Porte, propres à rendre possible l'exécution du projet, je ne pus obtenir d'autre réponse que celle qui me fut donnée tout d'abord, savoir „que la Sublime Porte avait l'intention d'établir pour son propre compte une route carrossable entre Jaffa et Jérusalem"; d'un port, point essentiel, il n'en fut nullement question. Lorsque, soutenu par plusieurs ambassades, en particulier par celle des Etats-Unis, je renouvelai mes instances, on me répondit que „je n'avais pas de société qui offrît des garanties suffisantes quant aux fonds". Il est à remarquer ici que depuis plusieurs années déjà, diverses sociétés et divers personnages distingués, comme par exemple: Lord Dufferin et Sir Moses Montefiore, ont brigué une concession analogue sans jamais pouvoir l'obtenir. Ali-Pacha, ministre des affaires étrangères, fut plus loyal et déclara à plusieurs envoyés, ainsi qu'à un pacha animé des meilleures intentions, qu'il ne pouvait convenir à la Sublime-Porte d'accorder une pareille concession pour la Palestine. Le motif en est assez généralement connu et m'a été communiqué par plusieurs personnes bien renseignées. Cependant le grand-visir a dit dernièrement à quelqu'un: „Je n'accorderai jamais à ces imbéciles de chrétiens aucune amélioration de routes en Palestine, car autrement ils transformeraient tout Jérusalem en une grande maison de fous chrétiens."

Voici ce que je lui réponds: „Mon pauvre grand-visir, je te plains bien de ne pas comprendre ces mots: Mene, mene, teckel, upharsin. Je vais te les traduire: „„Tu as été pesé en la balance et tu as été trouvé trop léger, et cette nuit (c. à. d.

dans peu de temps,) ton royaume te sera enlevé."" Ces paroles n'ont pas été prononcées par ton Allah, car ton Allah n'est que Mamon, mais par notre Allah chrétien, le Seigneur Jésus-Christ, qui a créé le ciel et la terre et qui dirige tous les événements du monde selon son bon plaisir. C'est le même Allah qui t'a enlevé par la mort ton second et dernier fils bien-aimé presque aussi rapidement que ton premier fils, pour te faire souvenir de ton néant et de ta dépendance de lui, pour te faire comprendre sa puissance et pour te punir de ton arrogance insigne! Je souhaite que ton coeur se purifie et que tu études pour ton bien l'histoire et la fin de Pharaon (Exode Chap. V. XIV.), car autrement les mauvais esprits qui veillent peut-être à ta porte pourraient amener encore de nouveaux malheurs sur toi, ta famille & ton état." [1])

Basé sur ces considérations, j'en appelle de la manière la plus sérieuse à tout homme impartial, et lui demande si cet état de choses est compatible avec la dignité d'une nation chrétienne quelconque, et si l'on peut en souffrir la continuation par un peuple à demi-barbare, qui n'offre en réalité qu'un vernis extérieur de civilisation, conduit comme il est surtout par ses chefs et par son grand-visir actuel, et cela essentiellement à une époque où chaque nationalité s'efforce de conquérir son indépendance. Mais comme je ne veux point faire de politique, je m'adresse

---

[1]) Quelques jours après avoir écrit ce qui précède, je reçus de Constantinople, en date du 14. Déc. 1864, une lettre ainsi conçue: „Vous êtes parti et la vengeance de Dieu s'est déjà manifestée. Le jour même de votre départ (le 10 Déc. à 10 h. du m. par le vapeur du Lloyd) un incendie terrible a éclaté à minuit dans la chambre à coucher du grand-visir, Fuad-Pacha, qui eut à peine le temps de se sauver. Les flammes ont dévoré son palais entier, avec tous ses meubles, ses diamants, ses décorations et même le sceau de l'empire. Tout fut la proie de ce terrible élément. Quelle leçon pour les impies! Le Sultan lui a offert un autre palais et plusieurs millions pour l'ameublement. Mais est-il possible de méconnaître ici les desseins de Dieu?"
Et moi, je continue et dis à cet homme audacieux: „Ne t'ai-je pas annoncé, il y a plus d'un an déjà, que Dieu te bénirait si tu m'accordais la concession que je t'ai modestement demandée en son nom, ce qui impliquait naturellement le contraire si tu me la refusais! N'ai-je pas hautement déclaré à Constantinople, il y a une année déjà, que le Dieu tout-puissant enverrait ses jugements sur tout l'Empire turc, dont tu es le grand-visir, et sur toi tout particulièrement, en t'arrachant le pouvoir et toute la Palestine? Prépare-toi donc, car quand le Seigneur te rappellera d'ici-bas, ce n'est point dans ton chimérique paradis mahométan que tu paraîtras, mais bien devant le tribunal du maître de la terre, de Jésus-Christ, pour rendre compte de toutes tes intentions et de tous tes actes, sans oublier ceux qui concernent le Liban, et pour recevoir ta juste récompense, à moins que tu ne fasses auparavant des oeuvres de pénitence, que tu ne reconnaisses ton maître suprême et n'accomplisses sa volonté sous tous les rapports." —

ici en particulier aux Chrétiens de tout le monde. Je suis avant tout curieux de savoir comment les puissances européennes accueilleront la communication de ces faits, qu'elles doivent connaître depuis longtemps déjà par les rapports de leurs ambassades et de leurs nombreux consuls, sans qu'elles aient jamais fait pourtant la moindre chose pour améliorer cette situation. Leurs chefs, comme nous l'avons déjà dit, se disent installés „par la grâce de Dieu:" Peuvent-ils désormais le faire encore et prendre le nom de Chrétiens? Sa Majesté, la reine Victoria de Grande-Bretagne, se nomme: „Defensor fidei" (Défenseur des fidèles)! A-t-elle réalisé ce titre à Jérusalem? — Sa Majesté l'empereur des Français, Napoléon III, s'intitule „le fils aîné de l'Église" et le „protecteur de l'église catholique". Où pourrait-on découvrir quelques traces de sa protection à Jérusalem? Sa Majesté l'Empereur d'Autriche, François-Joseph I, se fait appeler: „Roi de Jérusalem et Majesté apostolique". Mais la vraie église apostolique, c'est à Jérusalem qu'elle a son berceau! Y est-elle protégée par ce prince, alors que le Sultan est le véritable roi de Jérusalem! — Sa Majesté le roi d'Italie, Victor-Emmanuel I, est également nommé: „roi de Jérusalem;" mais, encore une fois, le Sultan seul est roi de Jérusalem! Il en est sous ce rapport de l'Espagne à peu près comme de la France.

Je m'adresse maintenant aux Chrétiens comme individus. Malheureusement je n'attends rien ou sinon très peu des protestants, du moins de ceux de l'Allemagne, cependant d'autant plus de ceux de l'Angleterre. J'espère que dans ce dernier pays on se réunira partout pour former des comités, afin d'engager le parlement, et, par ce dernier, le ministère à vouer la plus sérieuse attention à cette affaire et à la mener à bonne fin avec l'énergie propre à cette nation, en affranchissant Jérusalem du joug des barbares. Grâce à la constitution anglaise, c'est le peuple en réalité qui y tient les rênes du gouvernement. Chaque Anglais est donc individuellement responsable au maître que vous proclamez journellement comme votre Sauveur & Rédempteur! Que vos paroles soient ici également suivies d'actes, afin qu'elles ne soient point taxées d'hypocrisie et de vaine déclamation! —

A vous maintenant catholiques! N'y aura-t-il pas parmi vous un seul prêtre qui possède assez d'amour pour son sauveur afin d'entrer publiquement et comme homme en lice pour lui, et de me seconder dans l'oeuvre que j'entreprends ici? Oh, je le sais, il n'y en aura pas un, il y en aura des milliers — peut-être tous — depuis le pape jusqu'au dernier vicaire, qui utiliseront avec ardeur la chaire et le confessionnal pour inspirer en paroles foudroyantes aux fidèles le sacré devoir d'imiter l'exemple des croisés et d'employer de tout leur pouvoir les armes spirituelles et morales de notre époque pour effacer l'opprobre qui pèse sur l'église et sur chaque Chrétien! Depuis la catholique impératrice Eugénie jusqu'à la plus humble servante, ils s'efforceront d'enflammer le coeur des femmes afin qu'elles fassent valoir dans ce but leur influence sur leurs époux et leurs frères. J'en appelle également aux Grecs, aux Arméniens, etc. Qui pourrait résister à une force ainsi organisée? Absolument rien!

A vous enfin Israëlites et Juifs! Ai-je en réalité besoin de vous adresser une seule parole dans cette affaire sacrée? Est-il possible que vous ayez oublié ou que vous dédaigniez les promesses du Dieu vivant d'Abraham, d'Isaac et de Jacob? Il se peut que vous ayez oublié en partie l'histoire de votre passé, mais je ne saurais croire que vous ne connaissiez pas votre avenir ou que vous soyez capables de le renier! Sans entrer dans des détails, je vous rappellerai seulement que, grâce aux bénédictions de Dieu, qui vous a donné de si grandes richesses et tant d'intelligence, vous possédez tous les moyens pour jouer un rôle principal dans cette lutte, que vous accepterez et ferez triompher avec d'autant plus de joie qu'elle doit vous faire rentrer en maîtres dans le pays que l'Eternel vous a choisi! Que les comités, formés parmi vous dans ce but depuis une dixaine d'années, donnent désormais plus d'énergie à leurs résolutions pour engager les détenteurs du pouvoir à accomplir enfin leurs devoirs comme chrétiens, afin que les prédictions de Daniel (IX. 27) s'accomplissent. J'ai prouvé d'une manière incontestable dans plusieurs écrits que cette parole de Dieu ne se rapporte point au passé, mais bien à l'avenir.

Comme maintes objections seront sans doute faites de la part des hommes d'état, je suis forcé d'élucider la question qui m'occupe sous ce rapport aussi. La Russie, l'Autriche et la Prusse, quelque disposées qu'elles puissent être au point de vue chrétien à seconder ces propositions, en seront peut-être empêchées par des considérations politiques. L'Angleterre et la France, cette dernière entr'autres et son catholique empereur Napoléon III avant tout, sont donc tenues de prendre en ceci l'initiative. Chacun sait combien sa Majesté s'efforce de réaliser les idées de son grand aïeul Napoléon I. Or, je sais pertinemment que ce dernier voulait rétablir la nationalité des Juifs en Palestine, et qu'il n'y renonça que par la force des circonstances. Mais ces circonstances étaient telles, uniquement parce que, pour notre Seigneur, le temps n'était pas encore venu. Or, d'après tous les signes de l'époque, tels que les apostasies, les phénomènes extraordinaires dans tous les règnes de la nature, comme dans la vie des peuples etc.[1]), ce temps est nécessairement venu, ou il

---

[1]) Voir les preuves ultérieures dans mon ouvrage: Explication populaire de l'apocalypse de St. Jean, par le Docteur Zimpel. 1860, chez H. L. Brönner, libraire à Francfort s. M.

est du moins si proche que tous les événements précités doivent maintenant s'accomplir comme autant de préparatifs. Que S. M. Napoléon III en ait le pressentiment ou la conviction, il est certain que, d'après ce qui m'a été communiqué, il a donné, il y a environ trois ans, à l'Alliance israélite universelle à Paris, sa parole de travailler dans ce but. Puisse donc ce comité, comme dépositaire de cette parole impériale, travailler sans cesse à sa réalisation! Qui pourrait douter un instant qu'il ne suffit de la ferme résolution de l'Angleterre et de la France pour forcer la Turquie à renoncer à sa suprématie sur Jérusalem et la Palestine, tout l'empire turc dépendant uniquement du gracieux plaisir de ces deux grandes puissances, sans l'influence desquelles il serait renversé en quelques mois par ses sujets grecs, qui le proclament hautement quand ils peuvent le faire.

Il va sans dire que, pour consolider la bonne intelligence de tous les partis religieux à côté de celui des Juifs, il lui faudrait une constitution répondant à ce but. Cette constitution devrait ou pourrait être analogue à celle des villes libres de Hambourg ou de Francfort s. M., afin qu'on pût gouverner Jérusalem et la Palestine à peu près comme les villes mentionnées ci-dessus gouvernent leurs dépendances. Le gouvernement se composerait par conséquent d'un nombre égal ou proportionné de députés de toutes les sectes religieuses, lesquels choisiraient dans leur sein le président. Dans le seul cas où l'intégrité du gouvernement républicain se trouverait en danger, ou qu'il ne pourrait opposer une force suffisante aux ennemis extérieurs, il y aurait intervention de toutes les puissances chrétiennes européennes. Toute cette affaire est si exceptionnelle dans le monde que les mesures doivent l'être également.

Dieu veuille que l'Angleterre et la France, mais surtout S. M. l'Empereur Napoléon III, puissent se sentir portés à mettre incontinent la main à cette oeuvre sacrée! Et ils le feraient certainement si Dieu, le roi de l'univers et le roi des rois, leur faisait, comme je l'espère, la grâce de leur donner, ainsi qu'à tous ceux qui embrassent sa cause avec zèle, sa bénédiction sous le rapport spirituel et matériel. Car lui-même s'explique ainsi dans Esaïe LXVI. 10, 11: „Réjouissez-vous avec Jérusalem et vous égayez en elle, vous tous qui l'aimez; vous tous qui meniez deuil sur elle, réjouissez-vous avec elle d'une grande joie; afin que vous soyez allaités, et que vous soyez rassasiés de la mamelle de ses consolations, afin que vous suciez le lait, et que vous jouissiez à plaisir de toutes les sortes de sa gloire!" —

Le temps est-il donc venu de se réjouir avec Jérusalem et de s'égayer en elle??? Certainement non!!!

Cette divine promesse a-t-elle été donnée aux Turcs???
Nullement!!!

C'est donc du fond de mon coeur que j'adresse cette instante prière à quiconque a des oreilles pour entendre:

Que tous ceux qui ont une langue pour parler, et tous ceux qui savent tenir la plume, en fassent le plus énergique usage pour donner à ma proposition, semblable à une pelote de neige, une impulsion qui la transforme en une avalanche, réduisant en atomes et engloutissant tout ce qui voudrait en arrêter la marche!

Fait à mon 63me jour de
naissance, ce 11. Déc. 1864.

Ch.as. F. Zimpel,
Dr. en médecine et philos:
Ingénieur en chef des chemins de fer.

Post-Scriptum.

Le 1er Janvier 1865, j'ai reçu en Allemagne une communication officielle du ministre turc de l'intérieur, Edhem-Pacha, datée du 19. Déc. 1864, et portant que le gouvernement m'accorderait peut-être la concession demandée, si je pouvais justifier dans l'espace de six mois du capital nécessaire à la construction de ce chemin de fer, mais sans qu'il s'engage d'une manière quelconque par une promesse formelle à accorder ladite concession ou, excepté peut-être le terrain disponible, une subvention quelconque.

Cette déclaration insignifiante et éminemment turque a été donnée soit ensuite de l'incendie susmentionné, soit pour éviter la pression de plusieurs envoyés et autres personnes influentes, puis, comme toujours, pour gagner du temps et tromper le monde par un vernis de justice et de libéralité. Tandis que la Porte a accordé les plus brillantes subventions à toutes les entreprises de chemins de fer — à l'exception de celui de Kustendje à Czernawoda pour lequel on n'a rien réclamé — elle ne veut rien faire pour Jérusalem et pour la malheureuse province de Palestine, quoique des millions de Chrétiens soient ses sujets et que Jérusalem soit, pour environ trois cents millions de Chrétiens et pour dix millions de Juifs, la première ville sainte, et qu'elle intéresse ainsi près de la moitié de la population de cette terre.

Aussi le Seigneur Jésus-Christ, le Dieu tout-puissant, arrachera-t-il bientôt sa ville sainte et sa terre promise de Canaan à la domination du Croissant!

Rends-la donc toi-même, ô grand-visir Fuad-Pacha, aux Chrétiens et aux Juifs comme république indépendante, afin que l'entière dissolution de ton empire soit différée encore de quelque temps!

Notice.

On pourra acheter la brochure et le plan du chemin de fer de Jaffa à Jérusalem avec un embranchement sur Betléhem et le port de Jaffa, en Allemagne chez H. L. Brönner, libraire à Francfort s. M., et en Angleterre chez G. J. Stevenson 54, Paternoster Road, Londres. Prix 2 frcs.

H. L. Brönner, Imprimerie. Francfort sur-le-Main.

www.ingramcontent.com/pod-product-compliance
Lightning Source LLC
Chambersburg PA
CBHW061959070426
42450CB00009BB/2273